JN418981

# 너는 기쁘지 아니한가

# 너는 기쁘지 아니한가

허진숙 시집

도서출판 힘써

추천의 글

# 생명을 노래한 시집 출간에 부쳐

허진숙 시인이 양화진의 봄을 노래했다. 그가 지은 〈너는 기쁘지 아니한가〉 시집 속에는 순교, 생명외경, 신앙인의 의지가 담뿍 배어 있다. 허 시인의 문학에 녹아있던 시 정신이 꽃을 피웠다.

〈바다로 간 어머니〉에 이어 두 번째 시집이다.

부드러운 여성의 눈으로 생명을 노래하고 양화진에 묻힌 선교사들이 지녔던 무쇠처럼 단단한 신앙의 의지가 있다. 상상 속에 볼 수 없는 꽃이 피고 달이 뜨는 세상을 노래했다.

허 시인의 눈에 바라다 뵈는 인간과 자연 물질들이 빛이 되어 섬광처럼 빛나는 시어로 남기도 하고 사라지기도 한다. 푸른 바다 반짝이는 모래알들이 어머니의 그리움으로 나타나기도 하고 푸른 바다로 진수하는 배의 웅장함이 느껴지기도 한다.

〈너는 기쁘지 아니한가〉가 그 제목처럼 〈내일도 기쁜 날〉로 영원함이 깃들면 좋겠다. 예순이란 나이에 접어들어도 늘 아름다운 허 시인은 아무리 퍼마셔도 마르지 않는 우물처럼 그의 시는 생성의 의미가 그치지 않을 것이다.

하나님의 은총이 함께 하기를 기원한다.

양촌교회 목양실에서

**김학진**(목사, 농민문학회 부회장)

시인의 말

## 너도 나처럼

사는 것이 하도 버거워
마음 다스리기 하도 버거워
울지 않으려 글을 쓰다
내동댕이치고 집을 나서면
바람에 쫓겨
움추린 민들레 홀씨
이 골목 모퉁이서 울고 있구나
멀리 날지 못하는 너도 나처럼

빈자리 외롭다 하지 않을 사람 없듯이 이 빈자리 다윗의 시와 함께 자연의 시를 먹으며 2집을 출간하게 되었습니다.

책을 가까이 할 수 있었기에 오늘 기쁨이요
훌륭하신 교수님 사랑과 권면과
나눌 수 있는 시간 조언을 아끼지 않으시니
작가로서 한량없는 기쁨과 감사드립니다.

좋은 작품 쓰라고 아낌없이 후원해준 남편과 동생
그래서 모자라는 촉수로 시인의 길 갈 수 있는 행복
"너는 기쁘지 아니한가" 독자의 가슴에
위로와 감동이 흘러가길 기도합니다.

2014년 8월 마지막 주
시인 허진숙

# 목 차

## 2부 • 숲 이야기

## 3부 • 달빛 어머니

## 4부 • 백마고지 역

# 1부

# 양화진의 봄

## 양화진의 봄

– 외국인 선교사 묘지(墓地)에서 –

하늘 마르고 산도 마르고 강물도 말라
암울한 땅 고집으로 얼룩진
세상의 변방 코리아
헐벗고 굶주려 길 잃어 헤매는 영혼
만리 길 태평양 건너온
낯선 이방인 처음 보는 날
단일민족 상장(上狀) 만이 고집했으랴

박해를 등에 업고
한 알 씨앗 뿌려지는 날 그들 피 붉었다
얽힌 타래 풀어날 때 시퍼런 칼날 사슬 끊었다
무수히 흘린 피
아름다운 소식 전하는 발이여!
이제 열방을 열어 가는 세계로……

학문의 씨앗 이화 학당 초석 되어
메밀꽃 피는 마을에도
풍금 소리 들려오고

고가(古家) 등잔 아래 주경야독(晝耕夜讀)
짚신 벗고 청마루 앉혔나니

꽃그늘 아래 자맥질하는 저들 보라
꽃비 맞으며 함박 웃는
실로 얼음 풀리고 기적의 강 유유히
유람선 타고 간다

여기 백년 역사 흘렀다
돌 십자가(十字架) 아래 잠든 순교자
풀꽃 피워 강변 부는 바람
무덤 위로 흐른다

# 너는 기쁘지 아니한가

– 하늘소망교회 새성전 입당 감사 –

태극기 휘날리는
참깨 꽃피는 양호동 태극마을
새 하늘 새 땅 열리니
너는 기쁘지 아니한가
어지러운 귀 달래야겠다

그곳 치유 숲에서
심장 폐부 해갈하지 않으려나
영혼의 꽃피우는 유쾌한 날 오리니

낙동강 정맥 안고
지성과 지식을 겸비한 금호공대
박수소리 진동하는 미래 퍼즐 맞추는
아이들 소리에 새들 잠재우고
민들레 홀씨 후 – 불어
하늘 소망 꽃 더 널리 피우리

# 바람의 언덕

– 페트라 –

장엄한 협곡 페트라
바람길 따라 걷는 사람들 만원이다
울려 퍼지는 찬송가 휘몰아 하늘 보내고
알카즈네 신전 파라오 보물창고
춤추는 석공들 손 그림자

바람의 언덕 나비티안 왕국
서녘 발길 끊어지면 웅장한 바위산은
침묵 속 잠수할 듯
이승 떠난 영령들 울음
원 달러 원 달러 손 내민 소년

야생의 풀꽃 같은 내가
붉은 장밋빛 페트라
미래를 가는 장엄한 협곡의 과거를
마중물 넣어 펌프질 하겠느냐

지진으로 잊혀진 망각의 도시

눈으로 본 바요 손으로 만진 바요
가슴으로 채워진
왕의 대로변 애돔 왕국 수도
전설 속 침묵의 물줄기는
실크로드 중심 도시였다

– 요르단 –

# 새벽달

문밖에 서성이다
신방에서 나온 신랑처럼
환하게 웃는구나

대문 열리는 소리

내 기도가 쉬어가면
하루를 잃어버릴까
고요가 길을 내어
너는 나의 등불되었지

# 갈릴리 호숫가

노래 불러 즐겁던
갈릴리 호숫가
한 척의 배 뛰워
동안 뱃길 열린다

바람 저만치 불어온다
닻줄 내리고 요란한 뱃고동 소리
석양은 침묵에 잠겨
거룩한 성찬 피와 살 마신다

그물 던져 고기 잡던 어부는 아니 보이고
출렁이는 뱃전 떨던 제자들
저마다 잠잠히 기도한다

피리불어 춤추게 하는
오! 놀라운 동안의 축제여!
이렇듯 뱃머리 우직한 사나이 보라
갈릴리 바다 그 사람 나는 베드로

# 기도(祈禱)

– 군에 보낸 자녀 위해 –

일어나야 한다
교회당 종소리 멈추었지만
꺼지지 않는 아론의 등불
감람유 기름 등 밝히고
우리 할 일 하자

그날 부모 안고 처자 안고
전선으로 달려간 청춘 묻혔나니
그 밤 밝히는 젊음 보라

이는 바람 등 시리도록
가슴 조이는 비무장 지대
전쟁은 아직 끝나지 않았는데

검버섯 피는 손등
떨어지는 눈물 받으며
우리 할 일 하자
나의 아들 위하여 일어나야 한다

## 비아 돌로로사

– 십자가의 길 –

까마득한 날
여기 망칫소리 들려
이 천 년 역사 꽃잎으로 떨어진 핏자욱
그 손 못자욱 만져진
비아 돌로로사
첫 키스하는 아련함 하늘 길 열렸다

시온 산 외로운 망대가
육백년 역사 조선의 붉은 땅
여기 예루살렘 성지 불렀나니
아름답다 눈물적신 골고다 언덕
안개 자욱한 예루살렘아

예레미야 애가 탄식 들려온다.
방종한 개들이여!
예수 파는 바리새파들이여!
세속에 위선 율법자여!
오바댜 오바댜 오바댜

# 세상을 이기었습니다

머리 둘 곳 없으신 분이셨기에
나는 가난을 서럽다 않습니다

겟세마네 동산에서
밤 맞도록 우셨던 당신이기에
나는 외롭지 않습니다

무리들과 동행하신 예수청년이시니
군중소리 외침은
민중의 지팡이였습니다

예수님 DNA 내 안에 들어와
간교한 루시퍼 교만
구덩이 떨어뜨려
나는 세상을 이기었습니다

# 세상이 줄 수 없는

세상 짐 지고 허우적거리는 녹슨 심장
내 실존의 존재는
망각의 강 띄워 보내고

구름수레 바람 날개 삼으시고
한 줄기 구름 빛 내려
내 작은 창가 기대인 몸
바람 한 줄기 구름 안으시니
세상이 줄 수 없는
그건 분명 이슬 마른 아침 영상이다

나무들 춤추고 놀라운 천상의 비밀
하늘과 땅 구름다리
도레미파 솔라시도

세상 짐 지고 허우적거리는
녹슬은 심장
내가 너에게 평안 주노라

– 2012년 기독공보 게재 –

# 십자가 정령(精靈)

기축년 시월 초아흐렛
탯줄 자르던 날
정한 십자가 예비 되었으니

종탑 그늘 아래 숨바꼭질할 때도
나와 상관없는 그져 철탑이었소
새벽종 땡땡 울릴 때도
심금 울리지 않더니
어느 날 수녀 되고파
동경반열(憧憬班列) 사무치다가
열아홉 장삼 비구니 되고파
내 사모하는 영 홀로 울더니

첫 새벽 닭 울 때 불현듯 찾아오신 분
그 음성 화들짝 놀라
닭 쫓던 강아지 마냥 달리고 달려
멈추어선 교회당 문 열렸지요

아 그 날

햇볕 빤짝이는 종탑 위 십자가
예수는 하나님 아들이었던 전설
어린 날 울리던 심금
풀길 없는 숙제 풀었지요
그 십자가 나 때문에……

# 엘리엘리 라마 사박다니

앞서 가던 별 하나
문득 멈추어
아기 위에 머물렀더라
유대고을 작은 마을 베들레헴아!

마굿간 떨어진 별
그 아기 출생과 함께
피정 길 떠나야 하리
요셉의 아들 예수

나무와 망치 못
대패 무늬목 한 폭 수채화

집 짓고 배를 짓고
하늘 지으시니
찬란한 운명곡 그 망칫소리
"엘리엘리 라마 사박다니"
나의 하나님 어찌하여 나를 버리시나이까(마 27장 46절)

# 붉은 사막
– 와디럼 –

수염 적신 에돔 땅
여기 요르단 와디럼
오월의 꽃보다 더 붉게 타는 황금 빛 태양
탄식의 빛으로 사막 내려앉아
버거운 생과 같은 작은 들꽃
작은 손 안에 한 장 사진 찍어간다

거절당한 영토
침묵의 하늘 아래 굳게 입 다문채
목마름 적신 영상 여기서 저기서
먼 길 온 이방인
깃발 들게 하시니

바람의 입맞춤 한나절
옷깃 휘감고 초연히 서서
엘리야와 로뎀나무 인연
아름답다 말하지 못하고

천년 역사 흘러도
여전히 그 자리 피어서서
순례자 길 맞아들이리
붉은 사막에 피어난 너 사랑하리라

# 흔적

내일 얻기 위하여 이스라엘
순례길 떠난다

여우꼬리 홰치듯 사라진 황망한 궁전
카락성 마사다 헤로디움 마케루스
한세대 호령하던 죽음의 뼈
헤롯왕 춤추던 바람 물결

분열과 다툼 권력
흔적 남은 그 자리
레바논에 울던 비둘기
평화 꽃씨 하나 심으려나

산호 같은 푸른 눈
황폐한 산 두루 헤메다
나는 내 나라 내 백성 되어
하늘로 가리라

2부

# 숲 이야기

# 숲 이야기

– 세계문화유산 서오릉 –

왕조 역사는 유구한 세월 속
천년 푸른 숲 사이로
비문에 울고 간 눈물

사색의 길 내어 오르면
피어도 꽃잎 떨어진
요령소리 맥박이 들리누나
어린 세자빈 봉분 단정 옷 입혀 앉아
밤마다 밤마다
풀벌레 소리에 우는구나

한 세대 호령하던
숙종의 여인 열전
장희빈 묘비 명 무엇이던가
새겨 놓은 비문 비 내려
능선 아래 흐르는 운무

서어나무 단풍나무 소나무

구룡 길 돌아

서오릉 숲 이야기는

오늘도 왕조실록 써내려가네

# 그리움

– 형님을 떠나보내고 –

헐거운 바지춤 부여잡고
개구리 잡던 푸른 들
형님과 함께 천년을 살 것 같은
어린 시절 나에게도 있었더니
어쩌다 오가는 고향

온종일 뙤약볕 풋내 나는 손으로
그리도 달게 마시던 막걸리 잔 내려 놓으시고
형님은 떠나셨다
울컥 울컥 삼키는 붉어진 눈시울
떠나 보내야 하는 그리움아
온몸 적시던 풀 내음 코끝 젖는구나

또 다시 남은 자의 몫
짐처럼 다가오는 생존의 법칙
쌓아도 모자람 없는 사랑탑 쌓아놓으려
상제를 두고 산을 내려온다
이제 반겨줄 이 없는 고향 찾아 무엇하랴

# 하늘 놀빛

울지 마라
그대 울면
갈대숲 놀빛도 운다
하늘공원
그대 아픔 내려놓고
등에 업혀 따라온
한 줄기 빛
가뭇없이 사라져간다

# 춤추는 봄날

자박자박 내려앉은 봄비 맞으며
오월이 오면
반갑다 뻐꾸기야

지천에 뿌려놓은 새순
산 너머 오솔길 따라
하룻밤 새
아카시아 향기 벌들 춤추게 한다

앵무새 한 쌍
훌훌 날리는 나뭇잎 사이로
바람 춤추게 한다

조물조물 나물 무쳐 밥상 오르고
쑥 개떡 빚어
무거운 침묵 깨뜨린 밥상 가득
봄을 춤추게 한다

# 잎 하나

겨울로 가는 길목
비 내린다
바람 쓸려 가는
가을비 내린다

빛 고운 낙엽 하나 주우러
쓰러진 가을 밟고 가노라니

먼지 낀 영혼 울림으로
자연은 지쳐만 가고
나도 지쳐간다

벌레 먹은 잎 하나
책갈피 간직하리라
올 가을 떠나 보내기 전에……

# 송편

슬하에 자식 먼저 떠나보내고
늦은 밤 둘이 앉아
조물조물 송편 빚는다

검정콩 깨소금 녹두계피 속 넣어

요술 같은 손
반달도 뜨고 둥근 달도 뜨고
주마등같은 인생 달 뜬다

솔솔 허연 김 오른 송편
고봉 한 접시
봉산 우에 걸린 저 달빛 담아 보낸다

\- 2014년 지하철 시 -

# 버섯 꽃

고목 아래 콩밭이 되겠느냐
잔풀도 시들시들 피었다 지건만
고목 아래 콩이 열리겠느냐
아서라 찬서리 내리는 들꽃마다

지친 듯 하루해 넘겨날 때
아침 해 돋을 때까지
하루만 죽지 말고 살아보자
사노라면
콩 아닌 버섯 꽃이라도 피우지 않겠느냐

– 세계 자살 1위 뉴스를 보고 –

# 바꿔 바꿔 바꿔

흙에 살리라
입버릇처럼 노래하던 토지의 꿈
늙으막 문턱 다달은 줄 미쳐 몰랐네
하늘 들으란 듯 젊음을 노래했더니

불현듯 곤두박질 치는 심장소리
어느새 해는 서녘으로 달리네

바꿔 바꿔 바꿔
부속 갈아야 해요
너무 낡아 버렸네요 갈아 주세요
낡은 것은 추억으로 족하니까요
바꿔 바꿔 바꿔

그리운 시절
정자나무 그늘 찾아갈까나

# 비빔밥

배가 고프다
멍하니 구멍 뚫린 천장
눈이 딱 마주쳤다 생쥐
장판 위 스며드는 빗물

또 배고프다
빗물 젖은 바가지
매운 고추장 한 숟가락 쓱쓱 비볐다

처자식 부여안고
불혹의 나이 살아야 한다
밥도둑 생쥐처럼

그날이 88올림픽 금메달 함성
눈물 담은 비빔밥
꾸역꾸역 목 메달 걸고 삼켰다

# 편지

그토록 기다렸던
꽃피는 춘삼월
열다섯 꿈 이루어지는
합정역 우리 첫 만남 될 줄

빛바랜 머릿결 은빛 바람 날리며
덥석 잡은 마른 손
입김 불어 우표 붙이던

문학소녀 꿈 잃지 않은 그 친구
김 오른 커피 한 잔
촉촉이 이슬 내린 목소리
시를 낭송하였지

너와 나 편지 주고받지 않았던들
오늘 있으랴
실개천 가꾸듯 찾아온 친구야
우리 마지막 편지 쓰는 날
장미꽃 피우지 않으려나

# 시집가던 날

부케 위 떨어지는 눈물
어버이 아실까
다홍치마 연두저고리
빌려 입고 가던 혼례길

금반지 끼워 주고픈
새신랑 마음
가슴에 얹어놓고

몰래 핀 검버섯
손등 따라
진주빛 눈물 영롱하다

무상한 세월 떠나보내고
먹으로 붓칠한 머리
족두리 쓰고 간다

# 아가야!

그림 그리고 싶은 창가
누군가 병풍 수놓으려 않겠나
화가의 눈 명산 머무련다
구름 지나고 새가 날다
쉬어가는 한낮

저 아랫마을 흔들리는 고목
그 바람 야훼신 그 이름
신기한 세상 너를 보내신 분

아가야!
너의 맑은 영혼
어둠 갇힌 세상
동그란 지구하나
네 손안에 잡고
넓은 세상 보물 찾아 걸어보지 않겠니
너의 심장 박동소리
더 크게 더 넓게 더 높게……

# 은퇴자의 고백

일 나가는 아내 뒷 모습엔
고단함 묻어
시린 가슴 목 메어 울음 삼킨다

내일은 설레는 맘
하늘 높은 숲으로 가리라
고장 난 언어들 정화시키고

손잡던 처음처럼
다시 처음처럼

내 슬픔 목마름도 촉촉히
무지개 피어나는
황혼 끝자락 기다려 보리라

# 아버지의 노래

생존의 법칙 따라
하루 하루
휘청거리는 무릎 걸어가신 길

육체의 소욕 한낮 그림자인데
붉게 피어나는 백일홍
피었다 지고 마는 꽃망울만 못하니

내평들 모래사장 낚싯대 드리우고
도미 잡던 아버지

차일 펼친 바다 달 밝은데
화무는 십일홍이요 달도 차면 기우나니
아버지 노랫가락
시방도 내 곁에 맴돌아진다

# 나의 고향 나의 바다

어느 날 수런수런 동네 바람 요란하다
그 바람 놓칠세라 달려 나가면
해안 밀려든 양미리 떼
은빛 바다 낮과 같이 밝기만 하다

나 어릴적 놀던 고향 바다
뱃머리 맴도는 갈매기 울음에
어머니 빈 젖무덤 더듬으며 잠들곤 했지

줄줄이 태어난 동생 등에 업고
진수(進水)배 띄운 부두에 나가면
호이 호이 어여쁜 아가씨 빨간 립스틱
물그림자 흔드는 파도였다니

저만치 육중한 유람선 바라보던
등대언덕 올라앉아
미지의 세계 꿈 꾸었지
떠날 거야 나는 떠날 거라고 소리치든 그 바다
동여 메는 고향 밧줄에 다시 돌아오다니

# 내평들

노송 그늘 아래 해양훈련
저마다 수영복 맵시에
남학생들 토끼눈 뜨고
가시내 들 호들갑 요란하다

찰랑 찰랑 발 담그고
수줍은 젓 가슴 두 손 가리워
봉긋한 엉덩이 흔들어
모시조개 줍던 시절

아마도 저 넓은 동해 바다는
출렁거리는 비명 소리 놀라
엉덩이 철석 때리고 도망갔지라

그 바다를 시방도 떠나보내지 않는 건
내 어릴 적 *내평들 은빛모래
쌓아도 쌓아도 무너진
모래탑 아니였던가

*울진 부구리 백사장

# 그때는 몰랐지요

빈 배 떠나가고
상여가 나간 고을
스산한 어촌 맴돌던 갈매기는
왜 그리 서럽게 울기만 하던지

날 저물어
비릿한 정거장
서성이던 나그네
어둠을 피할 수 없는
어데 먼 사람처럼 낯설기만 하다

어버이 뫼 등산
까치가 놀다가고

바람 불면 잊으리라 그 약속
그리움 나날이 쌓여만 간다
철없이 보낸 어머니
다시 뵐 날 없으리
그때는 몰랐지요

# 망향

바람을 이기지 못하고
바다는 사정없이 울어댄다
수평선 저 너머 어디서
너울진 파도야 바위섬 넘어뛸까

하늘이 울면 바다가 울고 땅을 울린다
그때도
오늘처럼 세상을 울렸지
사라호 태풍
울진군 온정리 마을

갈매기 울음소리 들으며
고향 떠난 민통선
다시올수 없는 정착촌

그립다 노래는
가슴에 돌다 입안을 돌다
하늘을 돌다
바다로 간다

# 미화원

노랗게 물들어 가는
차창 밖 가로수 보니
한정 없이 즐겨
떠나보내기 싫은 걸

쓸려 가는 도시의 가을
금가루 쓸어 모아
차곡차곡 쌓여질 보화였으면
춤추는 낙엽과 함께
나도 이 한생 춤추고프다

가을을 쓸어가는 미화원

# 교훈

중고 미싱 들어오던 날
주인집 아주머니 방 비우란다
음력 시월
시린 목 감싸 안고 골목길 돌아돌아
사글세 방 하나 얻었다

월세 밀리지 않으려
충혈된 눈가 짓물도록 그 밤 밝히고

하얀 것 검은 것만 있으면 산다는
욕쟁이 할머니 인생철학
그 겨울
욕쟁이 할머니 길라잡이 되시니
백발 교훈 가난의 무게는
아득한 옛날 이야기

# 어느 할아버지

단풍 물드는 가을볕 떠나보내고
외풍 맞은 창틀 샛바람
등 시리도록 스며든다

하늘 아래 그 동네
빨리 죽어라 아비 저주하던
비수(悲愁) 같은 애절함 그쳤다
동네 사람이요 동네 사람이요
아비 절규 그쳤다

중절모 눌러쓰고 파고다 공원 오가며
주고받던 한 잔 소주잔
여당 야당 정치 일 번지 논쟁도
이슬처럼 흔적 없이 사라진

그 할아버지 애절한 목소리 마을 맴돌다
산 넘어 물 건너
어느 날 홀연히 화장장 연기되어
하늘 아래 그 동네 슬픔 남기고 가버렸다

# 여심(女心)

죽도록 사랑했던
그 사랑 아니었기에
가슴 밑바닥
흐르는 고요 그립습니다

아려진 가슴 아니었기에
주저리 주저리
못다한 사랑 타령 여심입니다

부부 연 엮어 살아온 수십 년
아직도 그 이유 진행형 숙제입니다

박하 향 그런 사랑
이제 보듬어
풀잎에 떨어지는 물방울로
아픔 닦아 가렵니다

# 오아시스 찾아서

조국 땅에 부모님 장사지내고
눈물 한 방울 두 방울
뚝뚝 두 두 둑
인천 공항에 뿌려놓고
뭉게구름 속으로

3부

# 달빛 어머니

# 달빛 어머니

배고픈 자에게
한조각 떡처럼
눈앞에 아른거려

달빛 그려지는 그 모습
어머니 그립다

# 아마도

겨울 바다
유리 파편처럼 쏟아놓은 햇살
이국땅 찾아가는
육중한 유람선 따라

아마도 내 어머니도
장대에 걸린 보석 주워 담아
바다에 쏟으려다
머리이고 하늘로 가셨나보다
아무리 생각해도
그리 가실리 없는데

대가실 언덕 댓잎 소리 요란할 때
저 멀리 하늬바람 등에 업고
파도는 허연 포말처럼 가려는가

밀려가는 파도가 앗아갈까
미역 줍던 장대는
하늘 닿아 내려올 줄 모르네

# 눈

– 최하연(초등 3학년 때) –

눈은 처음 무엇이었나
하나님 눈물이 얼음 된 걸까

눈은 처음 무엇이었나
구름 잊혀진 조각일까

눈은 처음 무엇이었나
천사들 날개 깃털이었을까

떨어지는 눈송이
손바닥에 받아보며
고향 물어 본다

– 시인의 셋째 외손녀 –

# 모체

내 어머니 그리우면
젖먹이 아기 안고 별 하나 별 둘
삼십대 어머니 그리우면
달을 보고 울었다

그립다 달려가 뫼 등산에 올라 봐도
이제는 오지 말라고
혼줄 나서 도망쳐 능선을 내려온 후
오랜 세월 잊으려 잊으려

어느 듯
손주 보고 할머니 되어도
잊혀지지 않는 건
열 달 동안 한 인격체
태중에 살던 잉태골 그리운가 보다

## 책가방 속에 추억

– 최예나(초등 5학년 때) –

코스모스 화들짝
하늘 바람 맞으며 춤추는
구미시 옥계 초등 길

도란도란 친구 함께
학교 길 따라
울어주는 풀벌레

출렁거리는 벼 이삭
이리저리 띔뛰기 메뚜기 잡으려다
질퍽한 논두렁에 빠져버린 신발

들판 오곡 과일 황금바다 출렁이고
책가방 속 풀벌레 소리 담아
달강달강 가을 길
유년의 추억 만들어간다

– 시인의 둘째 외손녀 –

## 할머니의 기도

– 최하영(초등 6학년 때) –

고사리 같은 내 손 모아
기도해 주신 우리 할머니

갈현동 앞마당 감나무 심어
감꽃 피울 적 내 이름 달아 주시고
바람 이는 잎새 비밀 일깨워
너의 주인 여호와시라

언제나 특별한 아이라 일컬어
눈을 들어 하늘 보라시니

먼 훗날
백발 머릿결
꽃 핀 꼽아드리자

– 시인의 첫째 외손주 –

## 자식 농사

시집보낼 때 쓰려고
암소 한 마리 길러 새끼내고
무명 광목 두 필 광 속 고이 묻어뒀다
막내아들 대학 보내려
황소 한 마리 아들 같이 길러

어무이 허리 휘고
아부지 등이 휘도록
살으셨건만

세월 좋아
암소 팔아 몇 푼이요
무명 광목보다 본견이 더 좋아라

어무이 허리 펴고 사실라나
아부지 등 펴고 사실라나 하더니
좋은 세월 남겨 놓고
바람 따라 바삐 가버리셨네

# 장난감놀이

장난감 손 안에
하루 행복했던 날
눈깔사탕 하나
온몸 달콤하던 날

대교 건너 죽죽 늘어난 강바람 따라
큰집 작은집 외제차
장난감 손안에 하나

성냥갑 아파트 화장실 숫자 세고
부장님 차장님 회장님
바벨탑 쌓기 경주하다

바람 잡으려듯 아니 잡히고
쓰다가 버려질 장난감 놀이하다
가버릴 사람아!

# 젊은 날의 초상

내 그늘진 얼굴
오늘은 거울이 싫어집니다

젊은 날 초상
타인의 삶 인냥
몽상가 잠겨 진 내가 미워집니다

창가 드리워진 커튼
바람 날리는가 하니
숨겨진 비밀 훔쳐가는 바람조차
오늘은 창문 꼭꼭 닫아야 할까 봅니다

티 없이 웃어주던 벗들
어느 하늘 아래서 살꼬
오늘은 왠지
흐느적 거리는 내가 싫어집니다

# 참외 서리

나비 유희하여 입맞춤하는
나른한 오후

사지 벗고 우뚝 선
원두막 언덕
요란한 말발굽 들려온다

애순 떨어진 노란 참외
치마폭 가득 담아
도망쳐 온 갯 여울 언덕에 앉아
시집보낼 언년이 생가슴 찢어 놓은
설익은 수박 속

이마에 도둑의 도장 꾹 찍어 놓고
고모네 원두막
시방도
참외 향기 산천 퍼져나겠지

# 철쭉꽃 언덕

삼등 열차타고 상경한
가난한 농부 아들
세월 낚아 올린 늙으신 부모님
실망스러운 자식 되기 싫어
잘 살아 보고 싶었다

푸르던 꿈 하늘 보내고
한낮 수고와 땀방울
물기둥 되어 쓸려 버렸다

철쭉꽃 피는 언덕
봄이 오가는 줄 몰랐더니
이제사
앞산 뻐꾸기 울고 낮꿩 소리 귀 열렸다

집 짓고 시집가고 장가가고 사고팔고
세상 그렇게 끝이 나는데
안개처럼 날려 보내는 아쉬움
욕심이 잉태되어 죄 낳았나보다

# 센다이 대지진

몽우리졌다가 잃어버린 봄이여!
그림 한 장 구겨지듯
쓸려 가는 쓰나미 환영(幻影)
9.0 센다이 대 지진
그해 봄은 잔인했다

거대한 자연의 위력 앞
짧은 시계소리

검은 연기 후쿠시마 원전
생사 건 용사 앞에
세계 민족 두 손 모아 기도하나니

흑암의 사진 하늘 띄워 보내고
돌아 오너라 새 들아
다시 피어라 들꽃 무리야

- 2011년 3월 11일 -

## 하늘가는 순례길

– 고 노송애 권사 –

백일홍 꽃밭
해 맑은 미소
영정사진 되었습니다

쓰러져 가는 어린 가슴
불꽃같은 사랑 심어주고
그대는 떠났습니다

유년 어느 날 집 떠난 어머니
목마르게 기다리다
눈가 짓물도록 그립다 부른 그 이름
경로당 어르신 어머니라 부르더니
그대는 어르신보다 먼저 떠났습니다

지독한 암 덩어리 불태워
손 흔들며 천사 함께 떠난 영혼
하늘가는 순례길
그대는 떠났습니다

# 그대 머물다 간 자리

– 고 배명진 떠나보내고 –

그대 머물다 간 자리 웃음 있었지
웃음 뒤 감추인 외로움
나는 보았지
외로워 친구 만들어 가노라고
이야기하던 너

연습 없는 이별
바람처럼 가 버린 너
잠시 여행 갔다
돌아올 것 같은 기다림

가브리엘 천사 손잡고
눈물 없고 아픔 없는 그 곳
다 하지 못한 가슴 열어놓고
먼저 가신 벗님네들
환영 받으며 그 문에 들어가리

이 세상 신발 벗어 놓은 날

# 너도 나처럼

사는 것이 하도 버거워
마음 다스리기 하도 버거워
울지 않으려 글을 쓰다
내동댕이치고 집을 나서면
바람에 쫓겨
움추린 민들레 홀씨
이 골목 모퉁이서 울고 있구나
멀리 날아가지 못하는 너도 나처럼

# 바람의 유산

어디서 왔을까
時
어설픈 몸짓으로
항아리 속 된장 숙성시킨 맛
오랜 상념속 곰삭혀
해묵은 혀끝으로
손가락 찍어 놓았다

4부

# 백마고지 역

철도중단점
철마는 달리고 싶다
We want to be back on track
백마고지
Baengmagoji 白馬高地
위험
들어가지 마십시오

# 백마고지 역

까마득한 남의 나라 이야기인 듯
아늑한 촌경
피비린내 쓸어안은
전선고지였으리

실향민 눈가 녹물 묻어나
월정리 역 철길 녹슨 기차는
휘어진 허리 울고 있는데
해 저문 시월 기별 없구나

백마고지 역 생겨나서
애국의 발걸음 진동 소리
통일 문 열라 문 열어라
저마다 무궁화 한 그루 심어놓고

어둠 내린다
코레일 열차는 동강난 국토 버려두고
하마처럼 입 벌리고
도시로 달려간다

－ 2014년 독립문광장 나라사랑 시화전 －

# 일송정

해란강 돌고 돌아
비암산 기슭 숨어가던
의병의 핏자국 찾아
일송정 그늘 아래 등 기대었더니
옛 선조 향취 어데 가고
일제 만행 흔적 그 소나무 아니더라

조선 독립군 침략자라 역설 품는
동북공정
일송정 정자 아래 비애(悲哀)

얼룩진 핏자욱
아낙의 머리 수건 적시던 해란강아!
너는 어디로 흐르는가

송화가루 떡 빚어
놋그릇 닦던 손가락
인주(印朱) 없이 하늘에 꾹꾹 찍어
일송정 푸른 숲 이슬 꽃 되었네

# 이 땅에 빗장되리!

번지 없는 논두렁
철모가 벗겨진 그 날
어머니 부르다
젊음을 흙에 뿌리고
산화한 전사여!

천지가 붉게 물던
허물어진 이 땅
자유와 평화 수호하여
몸 바쳐 피로 얼룩진
사랑하는 조국의 아들아

이랑에 묻힌 철모 위 풀꽃 곱게 피우고
오늘도 편히 잠들라
내 정녕 그대 모르나
그대는 조국을 빛낸 이름
뿌리 싸안고 뒹구는 흙과 같이
이 땅에 빗장되리!

- 2014년 대한민국 순국 선열회 독립문 시화전 -

# 나룻길

너는 아느냐
임진강 나룻길
훨훨 날아가는 저 기러기 때
하늘 길이 보이느냐

내가 선 이 땅은 길 있고
말 달리던 선비 길도 열렸으련만
그래도 못가는 길
기러기만 가누나

이내 마음 산 타고 물 타고
부모 형제 두고
싸릿 문 열고 나온 내 고향
밤마다 여럿 날
강 건너 오가며 산다네

한 잔 술 슬픔 적시고
그립다 노래 불러보고
가슴아 울지 마라 달래어 봐도

어찌 이다지 밤은 깊은가
고향 가는 구름조차 부럽더라
청청한 저 달도 무심하더라

# 뜸부기 우는 마을

– 민통선 마을 –

여기가 뽕잎 따던
뜸부기 마을
모내기 마친 논배미
인적 없는 곳

뜸북새 우는 소리
죽어간 어린 병사 넋일레라
돌아 갈 수 없는 실향민 울음이어라

고사리 취나물 산나물 따라가다
넘지 못할 지뢰 밭 “금지구역”
나물캐던 소쿠리 그 산에 버려두고

가지 못할 이 길 뉘게 물어가랴
오가는 저 바람에게 물어보랴
누가 경계를 세웠느냐
들 수도 날 수도 없는
뜸부기 우는 마을

## 두만강 물은 흐르는가

으스름 바람소리
눈물 젖은 손수건
두만강 흠뻑 적셔 버렸다

어느 잉태 골 열어놓고
남정네 순정이더냐
조약돌 닦아주던 강물에
몸 던진 날
아이야 함께 살자

어느 밀고자 소낙비
북송된 어머니
바람 이는 옥수수 밭에서
하늘을 노래했다

국적 없는 아들아
네 이름 석 자
어느 문서 적어보려나

– 중국에서 탈북자 아이들을 만나고 –

# 맥

서대문 형무소 뒤뜰
한 그루 미루나무 부여잡고
대한 독립 만세

살아도 죽어도 대한 독립 만세
형장의 이슬 가는 길목
미루나무 아래서 하늘을 외쳤다
이 민족 앞날을 절규하며……

칼이나 적신이라도
결코 무릎 꿇을 수 없다
조선은 붉다 그 피

지하 독방 외침
역사의 주소 지금도 지워지지 않으리
이 민족 정신 길이 뿌리 내리고
대한민국 독도에 흘러간다

# 이런 가정 되고파

흰 구름 융단 아래
태양 떠오르고
자연의 신비로움
영원 명상한다

마른 가지 억새풀
하늘 쓸고 간 바람

물안개 젖은 풀잎
옷을 빨아 하루 지내듯
온몸 묻어든 풀 향기
집안 가득 드리우고

영혼의 노래 부르는
이런 가정 되고 싶다

# 회초리

유두 엑기스 유전 받은 탯줄
까마득한 동굴 속
마른 젖꼭지 물어뜯던
어미의 피

지금 내가 존재하는 건
꽃바구니 환상 안겨주는
회초리
어머니가 들려준
사랑의 흔적

# 장봉도의 밤

사르르니 자갈밭
숨 들어 마시우고
알몸 벗은 뻘
소리 없이 돌아오는 밀물

해림원 천사들
해변 나들이 춤추는 해송
고요한 섬나라

휘엉청 보름달
처-얼석 거리는 달빛 아래
자갈밭 맨발 걷노라면
달빛 먹은 밤바다
보석처럼 빛나고

어느 여름날 장봉도 밤
달 걸린 해송 아래
잔잔한 내 마음
달빛 실어 하늘로 오른다

# 마음의 창(窓)

겨울바람 어디서 오는가 봅니다
그러나
내 마음 부는 바람
잠재울 수 없습니다

잠시 빛바랜 머리카락 흔들리는 건
그냥 지나치지 않으려나
마음의 창 흔들어 보고 가려나봅니다

비바람 아니면 좋겠다고 말했지만
흔들리는 창
먹구름 한줄기 부서버릴 것처럼
심술 부립니다

조용히 살 고픈데
자꾸만 찾아드는
까마귀 소리 귀 막아봅니다

# 동심초

구겨진 거울 속 고독 찾아들면
종다리 노래하며 까치 뛰뛰던
하늘 바람 맞으며 멱 감던 친구야!

갈매기 우는 모래 언덕
동화 같은 사랑 주고받으며
아침을 노래했지

녹슨 깡통 두드리는 뒷 땅 각설이는
전쟁이 남겨진 서러움
빈 깡통 장타령 *이밥이 담겨진 슬픔
아직도 지워지지 않는
그도 한 사람
구겨진 거울 속 고독 찾아들면

* 쌀밥

# 나는 가리라

어느 날
그 약속 받은 날
빨갛게 열매 익어
까치 즐겨 놀던

소리 없는 창가 흰 눈 쌓이고
봄이 들리는 그 날
나는 가리라

이랑마다 떠도는 바람
잡을 수 없는 빈손 펼쳐들고
허우적거리던 오늘

가난함 서러워
긴 밤 혼자 울던 어제 잊으려
내 본향 찾아 나 돌아가리라

## 내려 가야 하리

패랭이꽃 수줍어 떨고 있구나
누군가 걸어 간
정겨운 능선 길

산 까치 벗 삼아
홀로 걷는 이에게
서산마루 지는 해 내일 약속하고

달려온 뒤안길
얼룩진 고집 내려놓고

흐르는 시냇물 소리
걸음걸음 발 맞추다
너무 일찍 온 것 같아 뒤돌아보니
물 흐르듯
자연에게 순리 배우고
나 이제 내려 가야하리라

# 그 벗 하나 있었으면

그림자처럼 따라 다니는
벗이 하나 있었으면

첫눈 오는 날
북한산 자락 장흥
장작 타는 이글루 작은 까페

오래전 떠나 버린 그대
오늘 나와 함께
차 한잔 하련만

첫눈 오는 날
능선 따라 토끼 사냥하던
그림자처럼 따라 다니던
그 벗 하나 있었으면

# 가을 하늘

가을 하늘 땅 총소리 놀라
참새도 날아가고
청팀 백팀 달린다

하늘 아래 흐드러진 깃발아래
검정치마 흰 저고리
만국기 휘날리는 응원소리

절레절레 머리 흔들고 도망간 그 날
하늘 울리고 산천 흔든
깃발 깃발이여!

갓 쓰고 도포 입은 할아버지
어린 손주 손목 잡고 뛰고 달려
무궁화 꽃 피었네

# 사랑의 리퀘스트

한평 남짓 덩그러니
억겁의 세월 살아오신 흔적
춘삼월 꽃샘 추위 냉골된 바닥
찾아 드는 이 없어
실어증 올 것 같아 노래 부른다

옥탑 방 할아버지

실패자 인생이라
짖 궂은 즐거움에 귀 기울이지 마시오
슬픔을 실에 궤어 목걸이 만들어
연가 불러리이다

생을 윤택케 하는 사랑 배웠더라면
산산이 조각난 그릇 되지 않으련만
망가진 영혼 수선 위하여
사랑의 리퀘스트 처방하오
따뜻한 봄날 오후 열망한다

– 2013년 경복궁 아미산 시화전 –

# 사랑하는 당신

젊은 날 연인처럼 옛이야기하고픈 맘에 당신에게 이 밤에 편지 씁니다.

당신은 카추샤 나는 간호원으로 아름다운 연인으로 만나 눈보라 맞으며 데이트 즐기던 그날이 생각납니다.

우리 결혼하던 날도 눈발 흩날리던 날이었지요.

사모관대 쓰고 초립동처럼 애기신랑 같다고 하객들의 사랑받던 당신도 지금은 흰 머리 무성하여 가는 세월 쏘아놓은 화살처럼 지나 왔습니다.

죽음의 문턱 넘어온 나는 자식을 낳을 수 없다는 의사 선생님 말씀에 결혼을 하지 않으려 했지만 당신의 사랑으로 우리 결혼하고 행복했지요.

이후 딸 하나 출산하고 지극한 당신 사랑에 시집식구 시샘과 아들 없는 설움도 당신이 바람막이 되어 주었지요.

사노라니 때로는 싸울 때도 많았고, 봄이 오면 봄 동산 오르고 싶고, 여름이면 내 고향 동해바다 백사장 해양훈련하던 그리움 달려 가고픈데, 가을 오면 중앙선 기차타고 대관령 넘던 길, 겨울이면 밤바다 수놓은 오징어 배들 불빛들이 나를 부르는데, 결혼이란 족쇄에 발목잡고 어쩌면 당신 곁을 벗어나고 싶은 생각에 몸도 마음도 지쳐 숨막히는 일상의 연속… 아무리 답답하다고 말해도 내 마음 알아주지 않는 당신을 점점 나는 밀어내고 말았지요.

하나뿐인 딸 하나 잘 길러 성직자의 아내로 길 떠나 보내고 공부하는 사위 주의 종 세우려 기도하며 열심히 살아온 당신 언제나 묵묵히 인내하며 회사와 교회학교 교사로 가정을 지켜온 당신에게 감사해요.

많은 사람 앞에 언제나 덕을 세우는 당신의 믿음이 자랑스러워요.

더욱 고맙고 감사한 것은 어머니 살아 생전에 아버지 후처살이 하던 분 저에게는 계모지만 당신에게는 실상은 남이나 다름없는데 함께 살자고 모시고 온건 감사해요.

밥상에 수저 하나 더 놓고 살자는 당신의 말씀에 지금도 가슴 떨립니다.

버림 받은 한 영혼을 사랑하며 섬기는 그 사랑 온 집안 식구도 감탄하고 예수사랑 증거가 됩니다.

다니던 회사 파산하고 빈손으로 나와 절망 중에 출퇴근 시간이 무려 6시간 왕복 먼 거리를 그래도 가정의 남편이 할 일이라며 걱정 말고 나보고 오히려 건강하라던 당신, 육십 한참 지난 나이에 대한민국의 하나뿐인 멋진 당신입니다.

하나님의 귀한 청지기 되시길 기도드리며 예수 흔적 짊어지시고 업신여김을 받지 않는 믿음의 용사되세요.

내가 옆에 있어 행복하다는 당신에게 든든한 기도용사 되어드릴께요.

사랑합니다.

당신의 사랑하는 아내 허진숙

2009년 10월 27일 화요일 자정 지난 시간

평론

# 시로 승화된 체험과 자화상

김치홍(문학박사, 문학평론가)

## 1. 시로 승화된 슬픔

딜타이(Wilhelm Dilthey 1833~1911)는 《체험과 문학(Das Erlebnis und Die Dichtung)》에서, "문학 창작의 저변에는 개인적인 체험, 타인의 상황에 대한 이해, 이념에 의한 경험의 확대와 심화 등이 내재한다."(《체험과 문학》, 한일섭 역, 중앙일보, 1979, p.47)라고 하면서, '문학 창작의 출발점은 늘 생활 경험' 이라고 하였다. 허진숙 시인은 이러한 견해에 매우 부합하는 시인이다. 허 시인은 자신의 개인적인 체험과 자화상을 바탕으로 자신의 삶을 작품에서 고스란히 표현하였다. 그리고 이 체험을 시로 표현한 것에서 그가 살아온 삶이 오롯이 형상화되었다. 그 까닭은 시가 자기고백적인 문학의 형태이면서 정서까지 노출시키는 장르상 특성 때문이다.

허 시인의 시를 읽으면 슬픔이 묻어난다. 그의 시 쓰기의 모티프는 그의 작품에서 드러나고 있다. '사는 것이 하도 버거워/

마음 다스리기 하도 버거워서/ 울지 않으려 글을 쓴다.'(《너도 나처럼》)는 고백에서 알 수 있듯이 버거운 삶을 이겨 내기 위해 시를 썼음을 알 수 있다. 그런 면에서 그가 시를 쓰는 행위는 그의 힘든 삶을 구원하는 위안으로서의 문학이 될 수 있다. 남을 구제하는 문학이 아니라 자신이 스스로의 삶을 열어나갈 수 있는 구원의 통로였던 것이다.

슬픔은 서럽거나 불쌍하여 괴롭고 답답한 마음이나 느낌이다. 상실감 · 박탈감 · 실망감이나 좌절감이 나타나면서 가슴이 맺히는 등의 신체적 감각과 함께 눈물이 나오고, 표정이 굳어지며, 의욕 · 행동력 · 운동력을 저하시킬 수 있다. 이때 눈물을 흘리며 말로 할 수 없는 것을 소리로 내는 행동이 울음이다. 그러나 울음을 통해 어느 정도 감정이 해소되어 카타르시스를 느낄 수도 있다. 이 과정에서 슬픔은 인간의 감정을 순수하고 깨끗하게 정화시킨다고 한다. 수필가 유달영(柳達永 1911~2004)은 "슬픔은, 아니 슬픔이야말로 참으로 인간으로 하여금 그 영혼을 정화하고 높고 맑은 세계를 창조하는 힘이 아닐까? 예수 자신이 한없는 비애의 사람이 아니었더라면, 인류의 가슴을 덮는 검은 하늘을 어떻게 개게 할 수 있을 것인가? 공자(孔子)도 석가(釋迦)도 그런 분들이다."(〈슬픔에 관하여〉, 《인생노우트》, 수도문화사)라고 하였다. 사실 인간의 삶이란 기쁨만 있는 것도 아니고, 슬픔만 있는 것도 아니지만, 그는 슬픔이 인간의 영혼을 정화시키고 훌륭한 가치를 창조한다는 신념을 다지고 있었다. 또 영국 수상을 지낸 디즈레일리

(Benjamin Disraeli 1804~1881)는 "슬픔은 일순간의 고통이다. 슬픔에 잠겨드는 것은 인생의 실수다."라고 하였다. 많은 예술가들이 슬픔의 에너지를 좀더 높은 차원의 예술로 승화시켰던 것도 다 이런 까닭이었다. 허 시인도 슬픔을 통해 그 영혼의 정화뿐 아니라 훌륭한 가치의 시를 창작했다.

인정할 수 없는 사실에 직면했을 때, 처음에는 노여움에 의해 그 사실을 부정하고, 그 현실을 받아들이지 못하나 끝내 현실을 승복하고 수용하면서 복받쳐 오르는 감정이 슬픔인데, 이 상황을 타개하는 방법은 대화이다. 대화를 통해서 막혀 있던 감정의 문을 조금씩 엶으로써 얼어붙었던 응어리를 녹여야 한다. 내적으로 억눌려 있던 감정을 밖으로 쏟아내야 한다. 허 시인은 타인과의 대화보다 시를 통해 자신의 내면과의 대화를 시도했다.

울지 마라
그대 울면
갈대숲 놀빛도 운다
하늘공원
그대 아픔 내려놓고
등에 업혀 따라온
한 줄기 빛
가뭇없이 사라져간다

(〈하늘 놀빛〉 전문)

내면에서 쏟아지는 눈물을 참을 수 없는 현재 상황에서 울지 말라고 반어로 말하면서 하늘 공원의 갈대 숲 놀빛마저 울게 할 수 없어 아픔을 내려놓았다. 그러나 순식간에 완전히 제거된 것이 아니라, 놀빛이 한 줄기 빛이 되어 가뭇없이 사라지는 것처럼 슬픔도 서서히 사라져 갔다. 이 시에서 '갈대 숲'이나 '놀빛', '한 줄기 빛'은 슬픔을 자극하는 소재들이지만 슬픔은 점증되거나 강화되는 것이 아니라 해소된다. 허 시인은 슬픔을 하늘공원의 사라지는 놀빛을 통해 좀더 높은 차원에서 영혼을 정화시켜 시로 승화하였다.

## 2. 신앙에서 길을 찾다.

신을 숭상하는 마음인 신앙은, 인간이 곤경에 처하여 스스로 해결할 수 없는 나약한 존재라는 것을 인식하는 순간, 인간 조건의 숙명적 비극을 깨닫게 되어 자연스럽게 절대자에게 대한 마음이 싹트게 되는데서 시작된다. 이 신앙을 시로 표현하였을 때 신앙시가 된다.

대개 그런 시를 읽으면, 신앙생활이 깊은 회한에서 비롯되었음을 알게 된다. 대개의 이러한 신앙시의 신앙적 자아는 자신의 실존에 대한 한계의식에서 출발하는데 이러한 인간적인 한계의식을 성찰을 통한 신앙적 차원에서 극복하고 예지(叡智)의 시를 쓰게 된다.

허진숙 시인은 힘든 삶을 살았을 때, 종교를 먼저 택해 탈출구, 혹은 위안의 대상으로 삼았다. 그는 자신이 종교를 선택한 것이 자신의 의지에 의한 것이 아니라, 어느 날 갑자기 운명처럼 다가왔음을 시로 썼다.

기축년 시월 초아흐레
탯줄 자르던 날
정한 십자가 예비되었으니

종탑 그늘 아래 숨바꼭질할 때도
나와 상관없는 그저 철탑이었소
새벽종 땡땡 울릴 때도
심금 울리지 않더니
어느 날 수녀 되고파
동경반열(憧憬班列) 사무치다가
열아홉 장삼 비구니 되고파
내 사모하는 영 홀로 울더니

첫 새벽 닭 울 때 불현듯 찾아오신 분
그 음성 화들짝 놀라
닭 쫓던 강아지마냥 달리고 달려
멈추어선 교회당 문 열렸지요

아, 그 날
햇볕 빤짝이는 종탑 위 십자가

예수는 하나님 아들이었던 전설
어린 날 울리던 심금
풀길 없는 숙제 풀었지요
그 십자가 나 때문에……

(〈십자가 정령(精靈)〉)

위의 시에 알 수 있듯이 그는 수녀나 혹은 비구니가 되려다가 '첫 새벽 닭 울 때 불현듯 찾아오신 분의 음성을 듣고 교회를 찾아감으로써 위로받을 수 있었고, 이것이 신앙의 길로 들어서게 된 단초이다.

이 시에서 그는 자신이 기독교를 선택한 것이 이미 예비된 행위였음을 고백했는데, 이는 당시의 상황이 신을 선택하는 것이 숙명적일 수밖에 없을 정도로 절박했었음을 의미한다. 평소에 수녀가 되고 싶기도 했고, 비구니가 되기를 바라기도 했지만, 어느 날 예배당 종소리를 듣는 순간 마음의 문이 열렸던 것이다. 심상(尋常)하게 보이던 종탑이나, 종소리가 어느 날 그의 마음을 사로잡은 것이다. 그래서 그는 하나님의 아들인 예수를 영접함으로써 마음속에 해결할 수 없었던 무거운 짐을 내려놓게 된 것이다. 이런 과정에서 창작된 시는 슬픔을 극복하는 신앙시로 변화되어, 체험된 현실과 상이한 세계가 종교적인 상상의 형상 속에서 새롭게 구축된 것이다. 보이지 않는 힘과 접하면서 신앙적인 성격을 띤 직관에 의한 시가 생겨난 것이다. 그래서 그는 "문밖에 서성이다/ 신방에서 나온 신랑처럼/ 환하게 웃는구나// 대문 열리는 소리// 내 기도가 쉬어가면/ 하루를 잃어버릴까/ 고요가 길을 내어/ 너는 나의 등불 되었지(《새벽달》)라고 새로운 세계에 눈 뜬 것에 대한 기쁨을 노래했다.

자신과 외부세계에 대해서 자신의 잘못을 참회하고 용서를 빌며, 신에 대한 감사와 찬양, 그리고 소망과 구원에 대한 노래는 신과 자신과의 교감을 이루는 중요한 요소가 되었다. 그러나 앞으로 좀더 여유가 생긴다면, 인류의 보편적 가치를 정서적으로 노래한 시를 쓰게 될 것이다. 참다운 삶을 살아갈 수 있도록 제시해 주는 시인의 예언은 삶의 지표를 제시해 주고, 그 삶이 올바른 삶인가를 적시해 줄 수 있는 구도적인 삶의 자세가 될 것이다. 인간이 자신의 행위나 내면에 대한 성찰 즉 자신의 생각과 감정을 알며, 자신을 돌아보고 감정을 조절할 수 있는 능력을 가질 수 있게 되려면, 인간의 모든 욕망을 버리고, '나' 에 대한 인식의 세계뿐만 아니라 외부세계에 대한 넓은 이해와 공감이 확장되어야 하겠다.

그의 신앙시는 기행시에서 진면목이 나타난다. 이스라엘로 떠난 여행은 견디기 힘들었던 슬픈 현실을 벗어나기 위한 하나의 방편이었던 것으로 보인다. "조국 땅에 부모님 장사지내고/ 눈물 한 방울 두 방울/ 뚝뚝 두 두 둑/ 인천 공항에 뿌려놓고/ 뭉게구름 속으로"(《오아시스 찾아서》) 떠나는 그의 여행은, 현실의 일탈을 꿈꾸는 설레는 여행이 아니라 사랑하는 사람을 이별한 상실감과 삶의 허무함이 극도에 이르거나, 삶을 초월한 득도의 경지에 이른 구도자적 심정이어서 더욱 굳어 있었다.

예수 그리스도의 행적을 따라가는 여행에서 허 시인은 순례자였다. 따라서 그의 기행시는 예수 그리스도의 자취를 찾아가는 것이, 마치 사막에서 오아시스를 찾아가는 대상(隊商)의 마음처럼 당시의 그의 심정의 절박함과 함께 경외와 경건함을 주로 노래했다.

내일 얻기 위하여 이스라엘
순례길 떠난다

여우꼬리 홰치듯 사라진 황망한 궁전
카락성 마사다 헤로디움 마케루스
한 세대 호령하던 죽음의 뼈
헤롯왕 춤추던 바람 물결

분열과 다툼 권력
흔적 남은 그 자리
레바논에 울던 비둘기
평화 꽃씨 하나 심으려나

산호 같은 푸른 눈

황폐한 산 두루 헤매다
나는 내 나라 내 백성 되어
하늘로 가리라

(《흔적》)

위의 시에서 허 시인은 칼날 같은 절박한 처지에서, 미래를 위한 준비, 즉 앞의 삶을 다짐하기 위한 순례의 여행길을 떠난 것이다. 그러나 큰 기대를 가지고 떠난 여행지에서 그가 본 것은 '흔적(痕迹)' 뿐이었다. 레바논의 유적지에서 평화 꽃씨조차 심을 수 없는 절망을 보았고, 가파른 절벽 위에 세워져 난공불락의 천연요새이고 모압의 수도였던 카락성과, 헤롯왕의 궁전이었던 '마사다', '헤로디움', '마케루스'를 둘러보며 이제는 황폐하게 되어 한낱 '죽음의 뼈' 나 '바람 물결' 로 남은 현실을 목도하게 된다. 여기서 그는 모든 인간이란 아니, 인간 허진숙이 황폐한 산을 두루 헤매다 하늘로 갈 수 밖에 없는 비극적 존재임을 확신하게 되어 스스로 초월적 의지를 보이기도 한다.

그러나 한편, 그는 슬픔을 삭이는 여행객에 머물러 있었던 것이 아니라, 타락해 있는 '성지(聖地)' 인 선교지의 일면을 날카롭게 풍자하기도 했다.

까마득한 날
여기 망치소리 들려

이 천년 역사 꽃잎으로 떨어진 핏자국
그 손 못자국 만져진
비아 돌로로사
첫 키스하는 아련함
하늘 길 열렸다

시온 산 외로움 망대가
육 백년 역사 조선의 붉은 땅
여기 예루살렘 성지 불렀나니
아름답다 눈물 적신 골고다 언덕
안개 자욱한 예루살렘아
와디럼 붉은 사막 피어난 꽃같이

예레미야 애가 탄식 들려온다
방종한 개들이여!
예수 파는 바리새파들이여!
세속의 위선 율법자여!
오바댜 오바댜 오바댜

(《비아 돌로로사 – 십자가의 길》)

그가 '고난의 길' 또는 '십자가 길' 인 예루살렘의 '비아 돌로로사(Via Dolorosa)' 에서 목격한 것은 두 가지이다. 하나는 빌라도가 예수를 재판했던 법정에서 골고다 언덕으로 향하는 800미터에 이르는 길에서 채찍과 돌에 맞아 피를 흘리며 온갖 수모와 고통을 당하며, 무거운 십자가를 지고 걸었던 인간 예수가 겪은 고통의 길을 보고 비애와 존경을 느꼈을 것이고, 또 하나는 2천 년 전이나 다름없이 그 길에서 떠들썩한 장사꾼을 보고 혐오감을 느꼈을 것이다. 끝내 그는, 예루살렘의 파괴와 참상을 기록한 예레미아 애가(哀歌)의 탄식을 들었고, 에돔의 교만하고 악한 행동에 대한 하나님의 심판을 예언한 오바다를 부르게 되었다. 이것은 당시보다 더 극심해진, 예수 그리스도의 고통의 '비아 돌로로사'를 이용한 관광객들에게 물건 팔기에 혈안이 된 예루살렘의 타락한 장사꾼들에 대한 적개심을 풍자화한 것으로 볼 수 있다.

신앙시에서 참회와 용서, 감사와 찬양, 소망과 구원은 신과 자신과의 교감을 이루는 것으로 또한 중요한 요소이며, 이들은 우리 개인에게나 사회적으로 아주 중요한 정서이기도 하다. 그런데 이 못지않게 중요한 것은 인류의 보편적 가치와 정서를 담아 노래한 시일 것이다. 참다운 삶을 살아갈 수 있도록 삶의 지표를 제시해 주고, 그 삶이 올바른 것인가를 적시(摘示)해 줄 수 있는 구도적인 삶의 자세인 것이다. 따라서 투철한 자아성찰과 미래에 대한 지성적 예지를 통한 안목, 그리고 보편적 진리와 정서를 노래한 시, 이것이 바람직한 신앙시일 것이다. 그의 슬픔은 하나님을 만나면서 치유되었고, 그 치유과정에서 시로 형상화되었다고 볼 수 있다. 그러나 허 시인은 인간의 가치 있는 체험, 사상과 정서를 상상력으로 재구성하여 언어로 표현하는 과정이 심연과도 같은 깊은 슬픔에서 맑게 정화된 내면을 거치고 나온 것이어서 읽는 이에게 감동을 준다.

### 3. 사상(事象)의 의미 부여하기

문학이 대상으로 삼는 것은 인식의 대상으로 있는 현실이 아니고, 삶에서 어떤 관계를 갖고 있는 나 자신과 사물들의 존재이다. 삶의 여러 가치는 삶 자체서 성립된 여러 관계와 연관을 가지며 그 삶에서 생긴 여러 관계는 사람, 사물, 상황, 사건 등에 의미를 부여한다. 그런데 허 시인은 아름다운 것만을 선택하지 않고 생활 주변에 있는 사소한 일상적 소재를 관찰하여 삶과 연관시켜 정서적인 언어로 그 의미를 부여한다. 자칫 서툴러 보일 수도 있지만, 진솔한 내면이 그대로 독자에게 전달되어 진한 여운을 남기기도 한다.

고목 아래 콩밭이 되겠느냐
잔풀도 시들시들 피었다 지건만
고목 아래 콩이 열리겠느냐
아서라 찬 서리 내리는 들꽃마다

지친 듯 하루해 넘겨날 때
아침 해 돋을 때까지

하루만 죽지 말고 살아보자
사노라면
콩 아닌 버섯 꽃이라도 피우지 않겠느냐

(〈버섯 꽃〉)

시인은 자신의 현재 삶의 상황을 '고목 아래 콩밭'으로 자처했다. 고목 아래에 있는 콩밭은 햇빛을 못 받아 제대로 성장할 수 없다. 그늘진 인생, 그러나 콩이 제대로 자랄 수 없는 그늘이라면, 그늘에서도 꽃을 피우는 버섯 꽃은 되어야 하지 않겠느냐는 것이다. 햇빛이 없는 상황에서 콩처럼은 될 수 없다면, 하루를 살지라도 버섯 꽃 같은 삶이라도 살겠다는 의지가 담겨져 있다. 힘들어 지쳐 매일 죽을 것 같은 삶이지만 비록 단 하루를 피는 어떤 꽃이 됐든 꽃은 피우고야 말겠다는 의지는 그가 시를 쓰게 한 원동력인지도 모르겠다.

다음 시는 상황을 제시하고 봄날과 시적 자아가 연관을 가지고 일체화가 이루어져 자신이 느끼는 정서를 노래했다.

자박자박 내려앉은 봄비 맞으며
오월이 오면
반갑다 뻐꾸기야

지천에 뿌려놓은 새순

산 너머 오솔길 따라
하룻밤 새
아카시 향기 벌들 춤추게 한다

앵무새 한 쌍
훨훨 날리는 나뭇잎 사이로
바람 춤추게 한다

조물조물 나물 무쳐 밥상 오르고
쑥 개떡 빚어
무거운 침묵 깨뜨린 밥상 가득
봄을 춤추게 한다

(《춤추는 봄날》)

문학작품은 여러 과정 또는 여러 사상(事象)의 인과적인 연관을 명백히 하면서 동시에 삶의 관계에서 한 사상과 이 사상의 개개의 부분에 주어진 가치를 재체험하게 한다. 그리하여 그 사상은 의미심장하게 고양된다. 그리고 삶의 관계 자체와 삶의 의미가 사상으로부터 밝혀지도록 배열하는 것이 위대한 작가들의 기법이다. 봄날의 생생한 모습을 통해 봄을 춤추는 것 같은 즐거운 밥상을 표현했다. 이와 같이 허 시인은 문학을 통해 우리들에게 삶의 이해를 가능하게 한다. 위대한 작가의 눈으로 우리

들은 인간 사상들의 가치와 연관을 인지하기도 하지만, 평범한 일상적 삶에서 사소한 것들과 연관을 맺고 그 의미를 새롭게 발견하는 허 시인 또한 나름의 안목을 가진 시인이다.

### 4. 직설의 자기고백

일반적으로 사랑 · 우정 · 존경 · 의지의 대상이 없어졌을 때 슬픔은 가장 극대화된다. 대상이 자신과 관계가 가장 크고 강할수록 깊은 슬픔이 찾아온다. 그런 의미에서는 가장 큰 슬픔은 가까운 사람의 죽음이다. 허 시인의 시에는 혈육의 상실로 인한 그리움과 안타까움이 많이 스며 있다. 굳이 어머니뿐만 아니라 고향이나 과거에 대한 회상이 있는 곳이면 그 자리에 어머니에 대한 그리움이 간절하게 표현되었다. 이는 어머니에 대한 인상이 크게 차지하고 있기 때문이다. 그리고 이것은 어머니가 그의 삶 속에 많은 부분을 차지하고 있는 결과이며, 이를 시로 형상화하는 과정에서 상상력이 깊이 연관되어 있기 때문이기도 하다. 우리가 일상생활에서 보고 작품화하는 과정에는 모두가 체험한 것이 무의식 중에 변형되어 표현된다. 그래서 그의 시에는 어머니에 대한 그리움이 아주 절박하면서도 강하게 나타난다.

배고픈 자에게
한 조각 떡처럼
눈앞에 아른거려

달빛 그려지는 그 모습
어머니 그립다

(〈달빛 어머니〉)

어머니에 대한 그리움이 마치 배고픈 이에게 보이는 떡처럼 간절하고 절실함을 노래했다. 돌아가신 어머니에 대한 안타까움은 체념이 아닌 지칠 줄 모르는 기다림으로 남았다. 마치 이국 땅으로 간 유람선처럼 장대에 달린 보석을 이고 하늘로 가신 어머니를 그리워하는 마음은 시간을 잊고 기다리게 한다. 돌아가신 어머니를 상실한 존재로 인식하는 것이 아니라, 언제가는 회귀할 존재임을 믿고 기다리는 것이다.

겨울 바다
유리 파편처럼 쏟아놓은 햇살
이국땅 찾아가는
육중한 유람선 따라

아마도 내 어머니도
장대에 걸린 보석 주워 담아
바다에 쏟으려다
머리 이고 하늘로 가셨나 보다
아무리 생각해도

그리 가실 리 없는데

대가실 언덕 댓잎 소리 요란할 때
저 멀리 하늬바람 등에 업고
파도는 허연 포말처럼 가려는가

밀려가는 파도가 앗아갈까
미역 줍던 장대는
하늘 닿아 내려올 줄 모르네

(〈아마도〉)

시의 언어가 사념(思念)의 결과로 얻어진 결정체라는 것을 전제했을 때, 시인은 자신이 포착한 이미지를 통해 사물의 본질이나 인식의 결과를 표현하게 된다. 이 과정에서 시인 자신이 직접 시적 화자가 되어 자신의 목소리로 전달하기도 하고, 간접적으로 시적 대상을 통해 전달하기도 한다. 또 경우에 따라서는 시적화자가 시적 대상과 결탁하여 시적 세계를 형상화하기도 한다.(〈윤여탁, 시의 서술구조와 시적 화자의 기능〉, 《시와 리얼리즘 논쟁》, 소명출판, p.385) 그런데 허 시인은 고달픈 삶이라든지, 신앙을 갖게 된 과정이라든지, 성지에서 소회 같은 것에서 철저하게 자신의 목소리를 직설적으로 드러내어 자기고백적인 면을 보이기도 한다.

## 5. 마무리

문학은 구체적인 삶을 형상화하여 인생의 진실을 제시하고 위대한 사상성을 정서화시켜서 보여주는 것이라고 한다. 최재서는 이를 '문학의 교양적 가치'(최재서, 《문학원론》, 춘조사, 1957)라고 말했다. 진정한 문학은 독자를 감동시키고 인생이 무엇인지를 알게 해 주고 어떻게 살아야 할지를 길잡이 해 주게 되는 것이다. 이는 특별하거나 일반적이거나에 관계없이 구체적인 삶에서 진실성을 확보하게 되고, 이 진실성이 독자를 감동시키는 것이다.

허 시인은 앞으로도 특별하지 않은 사상(事象)으로, 신앙시뿐만 아니라, 많은 독자가 공감하는 아주 의미 있는 시를 쓰는 시인으로 남을 것이다. 그래서 자기 구제만이 아니라 남에게도 위안을 주는 시인이 되기를 소망한다.

# 너는 기쁘지 아니한가

저자 | 허진숙
발행처 | 도서출판 힘써
발행인 | 김학진
대표이사 | 김영숙
주간 | 김영미
기획 | 힘써기획부
편집디자인 | 예사랑
인쇄 | 영재문화

등록 2009년 3월 6일 (제 439-2009-000003호)
1판 1쇄 인쇄 2014년 10월 8일
1판 1쇄 발행 2014년 10월 10일

주소 | 충북 충주시 소태면 양촌리 다래월 1길 27
TEL : 043-854-1836 HP : 010-8881-2926
E-mail : rlagkrwls2003@hanmail.net

ISBN 978-89-85323-06-2 03810
값 7,000원

한국 현대시[韓國現代詩]
811.7-KDC5
895.715-DDC21 CIP2014027418